SIEGFRIED LENZ

Florian, der Karpfen

EIN MÄRCHEN UND SEINE GESCHICHTE

Mit einem Nachwort von Maren Ermisch

Hoffmann und Campe

Der Verlag dankt Eva Kissel und Robin Coban vom Deutschen Literaturarchiv Marbach, Franziska Zollweg von der Bundeskanzler-Helmut-Schmidt-Stiftung Hamburg und Katharina Muders und der Siegfried Lenz Stiftung Hamburg für ihre Hilfestellungen. Grundlage für die Zitate aus Siegfried Lenz' Werk sind Dokumente aus dem Nachlass im Deutschen Literaturarchiv. Sie folgen der alten Rechtschreibung. Ausgenommen kleinere Fehler oder Flüchtigkeiten, eindeutige Tippfehler, die stillschweigend berichtigt wurden, blieben Zeichensetzung und Orthographie von Siegfried Lenz' Texten *Florian, der Karpfen*, *Die Fische* und *Der Fisch des Jahrhunderts* unangetastet und folgen ebenfalls der alten Rechtschreibung. Abbildungsnachweis am Schluss des Bandes.

3. Auflage 2021

www.hoffmann-und-campe.de
Umschlaggestaltung: KUZIN & KOLLING, Büro für Gestaltung, Hamburg, Hannah Kolling
Umschlagabbildung: Privatarchiv, Siegfried Lenz Stiftung, Hamburg
Herstellung und Satz: Sandy Weps, Hamburg
Gesetzt aus der Whitenights und der Coco Gothic
Druck und Bindung: GGP Media GmbH, Pößneck
Printed in Germany
ISBN 978-3-455-01216-3

HOFFMANN UND CAMPE

Ein Unternehmen der
GANSKE VERLAGSGRUPPE

INHALT

Siegfried Lenz mit seinen Karpfen am Tetenhusener Teich, Frühjahr 1998.

VORWORT

Wer mit Siegfried Lenz zu den Fischen reisen will, der braucht einen sehr langen Atem, denn die Geschichte beginnt vor Urzeiten, und eigentlich kann man nur in biblischem Tonfall von ihr sprechen: »Am Anfang also war der Fisch, der Urfisch. Der Latimeria war da, ein mit Höckern und Knoten besetzter Bursche, dessen Flossen wie verkümmerte Gliedmaßen aussahen – man hat erst unlängst wieder einen vor der afrikanischen Küste gefangen.« So bestimmt Lenz in seinem Hörspiel *Am Widerhaken hängt das Glück* den Anfang des Lebens der Fische. Und er gibt zu bedenken, dass es Fische gab, bevor es den Menschen, geschweige denn den Angler, gab: »Die Fische hatten gleichsam den Vortritt, sie wurden zuerst aufgerufen, und sie schwammen in all ihrer erfindungsreichen Herrlichkeit in Erscheinung: als schlichtes Scheusal, als goldschuppige Spindel, als abenteuerliche Schönheit. Der radarbegabte Wels und der kuhhörnige Kofferfisch, der keilschnäuzige Stör und der biedere Brassen, der Nilhecht und der Nasenhai,

Saibling und Sardine, Barsch und Blei – niemand wird je all die Namen kennen können.« Dass der Name des Karpfens hier nicht fällt, kann nur ein Missverständnis sein, denn er gehört zu den Fischen, die Lenz selbst »in all ihrer erfindungsreichen Herrlichkeit« vorführt. Der Erste, der in der Reihe aufgerufen wird, ist *Florian, der Karpfen*, ein großer Künstler mit einer ganz besonderen Begabung und einer nicht ganz alltäglichen Aufgabe. In diesem Buch soll aber nicht nur das Märchen von Florian erzählt werden, sondern auch ein kleines Stück der ganz persönlichen Geschichte von Siegfried Lenz mit den Fischen.

Zu ihr gehört einer seiner frühesten veröffentlichten Texte, das Gedicht *Die Fische* von 1948, das sich im Nachlass von Lenz zwischen seinen Vorlesungsmitschriften zum Literatur- und Philosophiestudium in Hamburg erhalten hat. Manche Leserin und manchen Leser mag es überraschen, den Erzähler Lenz als Lyriker zu erleben, aber dieses Gedicht ist ein kleines Vorspiel zu dem Märchen, das fünf Jahre später im Radio ausgestrahlt wird, seitdem verschollen war – und in diesem Buch das erste Mal abgedruckt wird. Gedicht und Geschichte spielen in derselben märchenhaften Zauberwelt der Kindheit.

Und der Karpfen wird Lenz nahezu ein Leben lang begleiten: zunächst noch den Angler Lenz, wie sein Verleger Thomas Ganske berichtet, dem er seine Überlegenheit beim Fischfang vorführt, später aber wird der Karpfen zum Freund, den man natürlich auf keinen Fall angelt und verspeist, sondern um den man sich sorgt, den man Gästen vorführt und der schließlich die große Ehre hat, zum Fisch des Jahrhunderts gewählt zu werden. Und wer käme für eine Laudatio besser infrage als Siegfried Lenz, der Erfinder von Florian. Ein Märchen in jeder Hinsicht.

Der spätere Laudator streichelt seinen Fisch des Jahrhunderts.

FLORIAN, DER KARPFEN

Beinahe, mein Kind – und es hat gar nicht viel gefehlt –, da hätten wir alle eine schöne silberne Schwimmblase wie die Fische, und wir könnten stundenlang am Grund eines Sees schwimmen, und niemand bräuchte mehr zu ertrinken. Das Karlchen hätte nur etwas klüger sein müssen – so wie wir beide es gewesen wären, wenn uns dasselbe passierte.

Karlchen wohnte an einem schönen, grünen, schilfbedeckten See, und er lag oft und lange auf einem Holzsteg und beobachtete die Fische. Und er hatte nur einen Gedanken, während er die Fische beobachtete: wie man solch eine schöne, silberne Schwimmblase bekommen könnte wie sie. Er hatte schon seinen Vater gefragt, woher die Fische die schönen Schwimmblasen haben. Aber sein Vater schüttelte nur den Kopf und ging weg. Und dann hatte er seine Mutter gefragt, woher die Fische die silbernen Schwimmblasen haben, und auch sie schüttelte den Kopf und ging weg. Und er fragte alle, die er traf, aber alle schüttelten den Kopf und gingen weg.

Und Karlchen lag wieder allein auf dem Holzsteg, beobachtete die Fische und dachte an die silberne Schwimmblase. Zuletzt wurde er, wie du verstehen kannst, sehr traurig, und das fiel dem alten Haubentaucher Pablo auf, und der Haubentaucher Pablo schwamm ganz nahe an Karlchen heran und fragte: »Nanu, Karlchen, was ist denn mit dir los?«

Karlchen sagte ihm aber nicht, warum er so traurig war, denn er hatte Angst, daß auch der alte Haubentaucher den Kopf schütteln und wegschwimmen würde. Darum sagte er nur: »Ich weiß auch nicht, warum ich so traurig bin. Weißt du vielleicht, wie man Traurigkeit wegmacht?«

»Natürlich, Karlchen, weiß ich das«, sagte der alte Pablo, »wenn man traurig ist, muß man eine kleine Reise machen.«

»Aber ich habe nur zwanzig Pfennig«, sagte Karlchen.

»Das ist genug«, sagte Pablo. Und er erzählte Karlchen, daß er erst vor kurzem ein Reisebüro aufgemacht habe, bei dem man sich für zwanzig Pfennig zwei junge, schnelle Haubentaucher mieten könne. Die spannt man einfach an ein Brett und läßt sich ziehen, wohin man will. Sie ziehen dich über Wasser und, wenn man will, auch unter Wasser, vier Stunden lang. Ja, damals konnte man sich noch zwei junge, schnelle Haubentaucher zu diesem Preis mieten. Inzwischen ist das auch teurer geworden.

Karlchen also gab dem alten Haubentaucher zwanzig

Pfennig, und Pablo schickte am nächsten Morgen zwei junge, schnelle Haubentaucher an den Holzsteg, und Karlchen saß auf einem dicken, dicken Brett und erwartete sie. Er war jetzt schon gar nicht mehr traurig, denn in der letzten Nacht hatte er einen klugen Gedanken gehabt. Er wollte nämlich unter Wasser fahren und die Fische selbst fragen, woher sie ihre schönen, silbernen Schwimmblasen haben. Und er sagte keinem etwas davon, weil er Angst hatte, daß sie nur den Kopf schütteln und weggehen würden.

Als die jungen, schnellen Haubentaucher angeschwommen kamen, begrüßte er sie ungeduldig schon von weitem und fragte sie, wie sie gefrühstückt hätten. Und die jungen Haubentaucher sagten, daß sie gut gefrühstückt hätten, jeder vier Fische, und sie meinten, daß sie ohne Reiseverpflegung auskommen könnten. Darauf band Karlchen jedem von ihnen eine zarte Leine um den Hals und rief: »Hüh!«

Die jungen Haubentaucher verstanden das auch sofort und zogen an. Und sie sausten schnell wie ein englisches Rennboot über den schönen, grünen, schilfbedeckten See, und das Brett hob sich vorn hoch aus dem Wasser. Nun sah sich Karlchen nach einem Fisch um, den er nach den silbernen Schwimmblasen fragen wollte. Aber die Fische hatten vor dem sausenden Brett Angst bekommen, und sogar die Verkehrspolizei, die beiden Hechte Napoleon und Schluckauf, hatten sich versteckt. Darum fuhr Karlchen nun etwas langsamer.

Und sie glitten ganz still und leise an Kalmuswurzeln vorbei und dann an Schilfhalmen und über Barschkraut. Sie fuhren so vorsichtig, daß niemand sie hören konnte, und sie hinterließen keine Spur auf dem sandigen, sandigen Grund. Und nach einer Weile kamen sie an einer rostigen und verbeulten Konservenbüchse vorbei. Die sah schon aus wie ein richtiges Versteck. Und als Karlchen so hinguckte, sah er zwei runde, ängstliche Knopfaugen. Er hielt sofort an und fragte: »Warum hast du denn solche Angst, wir fahren doch langsam.«

Und aus der rostigen und verbeulten Konservendose kam ganz vorsichtig ein kleiner Krebs heraus. Dieser Krebs hieß Hans von Zwickau, und er trug ein Scherchen in einer bequemen Schlinge aus Schilfgras. Als er so hervorkam, weißt du, da konnte man glauben, er sei furchtbar lang und werde überhaupt kein Ende nehmen, so langsam kam er raus. Aber schließlich war er doch zu Ende, und er zupfte seine Schlinge zurecht, in der er ein Scherchen trug, und sagte: »Wir haben uns alle etwas erschrocken.«

»Jetzt fahren wir nur noch langsam«, sagte Karlchen, »und ihr braucht euch nicht mehr zu erschrecken. Aber sag mal, was hast du denn mit deiner einen Schere gemacht?«

»Kaputt«, sagte Hans von Zwickau.

»Gebrochen?«, fragte Karlchen.

»Nein, geschnitten«, sagte Hans von Zwickau, »weißt du, ich wohnte früher in einer neuen Konservenbüchse, als ich noch kleiner war. Die war so stümperhaft aufgemacht worden, und da habe ich mich an einer der vielen scharfen Ecken geschnitten. Ich bin dann gleich ausgezogen. Aber die Wunde will und will nicht heilen. Aber vielleicht würde ein wenig Ortsveränderung guttun. Kann ich nicht ein Stückchen mitfahren?«

»Wenn du Lust hast«, sagte Karlchen.

»Ich habe große Lust«, sagte Hans von Zwickau.

»Dann setz dich hinten drauf und halt dich gut fest.«

Und so fuhren sie weiter, und Hans von Zwickau, das Krebschen, stieß ab und zu einen Freudenruf aus, weil ihm das so gut gefiel, und winkte mit seinem gesunden Scherchen seinen Freunden zu, die unter Steinen und Büchsen saßen und ihm mit langen Stielaugen nachschauten. Aber dann passierte etwas ganz Merkwürdiges. Während sie so langsam über den sandigen Grund fuhren, drehte sich Karlchen um und fragte den Krebs: »Sag mal, du kennst doch alle Fische hier.«

»Sicher«, sagte das Krebschen, »mit einigen bin ich sogar befreundet.«

»So, das ist ja schön«, sagte Karlchen, »dann kannst du mir vielleicht erzählen, woher die Fische ihre silberne Schwimmblase haben. Ich möchte mir nämlich auch eine besorgen.«

Hans von Zwickau, der Krebs, wurde beinahe rot vor Angst und stotterte: »Das darfst du nicht fragen.«

Aber Karlchen hatte nur diesen einen Gedanken, und so fragte er nach einer Weile wieder: »Also mir kannst du doch verraten, wo die schönen, silbernen Schwimmblasen herstammen. Schließlich fahre ich dich ja spazieren.«

In diesem Augenblick rief der Krebs laut klagend »Ach« und »Niemals« und ließ sich verzweifelt nach hinten über das Brett fallen. Dabei rutschte sein kaputtes Scherchen aus der Armschlinge, und das tat ihm sicher sehr weh. Daran kannst du erkennen, daß der Krebs unter keinen Umständen verraten wollte, woher die Fische ihre schönen, silbernen Schwimmblasen haben. Er litt lieber Schmerzen, aber er verriet nichts.

So fuhr Karlchen allein weiter, kreuz und quer durch eine Bucht, und er hatte nur einen Gedanken. Schließlich traf er einen kleinen, artigen Fisch. Es war das Brassenmädchen Rosa. Rosa hatte eine gute Erziehung und sagte: »Hallo, Karlchen, wie geht es dir?«

»Och, es geht so«, sagte Karlchen.

»Du bist traurig«, sagte Rosa, »kann ich etwas für dich tun?«

»Wenn du willst, kannst du ein Stückchen mitfahren«, sagte Karlchen, »setz dich nur hinten rauf.«

So nahm Karlchen auch Rosa mit, aber nachdem sie einige Minuten gefahren waren, wurde der Gedanke in Karlchens Kopf ganz schwer, und er winkte Rosa zu sich heran und fragte sie flüsternd: »Macht es dir Spaß, Rosa?«

»Es macht mir großen Spaß«, sagte das kleine Brassenmädchen.

»Dann kannst du mir vielleicht sagen, woher ihr Fische die schönen, silbernen Schwimmblasen habt. Ich sagte es bestimmt nicht weiter.«

»Das darfst du nicht fragen, Karlchen«, sagte Rosa ängstlich.

»Warum denn nicht? Daß ihr Mädchen immer solche Angst haben müßt. Es bleibt bestimmt unter uns«, sagte Karlchen.

Aber Rosa schüttelte den Kopf. Und als Karlchen sie noch zweimal gefragt hatte, fing sie an zu weinen, und ihre Augen wurden ganz milchig und trübe, und ihre Brustflossen zitterten vor Angst. Auch ihre Kiemen zitterten, und sie pflückte sich schnell ein Krautblatt und steckte es sich ins Mäulchen, damit sie nichts mehr zu sagen brauchte. Dann rollte sie sich auf den sandigen, sandigen Grund und blieb dort eine ganze Weile liegen.

»Das hätte ich mir gleich denken können«, sagte Karlchen und beschloß, keinen Mädchenfisch mehr nach der silbernen Schwimmblase zu fragen. Er glitt also weiter, und die jungen, schnellen Haubentaucher zogen ihn fast ohne Anstrengung durchs Wasser.

Manchmal tauchte er auf, um Luft zu holen, und dabei dachte er: Wenn ich bloß erst eine Schwimmblase habe, dann ist das alles nicht mehr nötig. Unter Wasser ist es viel schöner als über Wasser, und es wäre ja gelacht, wenn ich keine Schwimmblase bekäme. Irgend jemand muß sie auch den Fischen geben. Na, das werde ich schon herausbekommen. Und wie er so weiterfuhr, hörte er hinter einer Krautwand furchtbar fröhlichen Lärm, und er zog die Krautwand beiseite und sah fünf junge Barsche. Du kennst sie bestimmt, das sind die mit der ruppigen Haut und den vielen harten Stacheln. Sie probierten gerade aneinander die Stacheln aus, und dabei kitzelten sie sich schrecklich, und es gab viel Gelächter und Hallo und Gejucke.

»Was ist denn hier bei euch los?«, fragte Karlchen. »Wenn es was zu feiern gibt, möchte ich gern mitfeiern.«

»Oh, wir feiern nur unsere Stacheln«, sagte ein Bärschchen. »Seid mal still, Kinder, wir haben interessanten Besuch.«

»Wozu feiert ihr denn diese ollen Stacheln«, fragte Karlchen, »was macht ihr denn überhaupt damit? Löcher in die Netze, was?«

»Unter anderm auch das«, sagten die Barsche, »aber hör mal zu, du könntest uns eigentlich ein Stückchen spazierenfahren, dazu hätten wir alle große Lust.«

»Das ist leicht gesagt, aber was bekomme ich dafür?«, meinte Karlchen.

Die kleinen Barsche boten ihm daraufhin zwei Regenwürmer an, aber als Karlchen die entsetzt zurückwies, schlugen sie ihm vor, ihm das Barschlied vorzusingen. Und da Karlchen das Lied nicht kannte, war er einverstanden. Glotzauge, der größte der fünf kleinen Barsche, gab also den Ton mit einer Froschgabel an, und dann sangen sie los:

Es stehen die Stacheln so steil und so gut,
blubb, blubb.
Wir tragen kein'n Schlips, und wir tragen kein'n Hut,
blubb, blubb.
Wir tragen nur Stacheln und Schuppen dafür,
wir rauchen nicht Pfeife, wir trinken kein Bier,
blubb, blubb, – hm, hm, – blubb, blubb.

Wir fressen die andern, und man frißt auch uns,
blubb, blubb.
Wir heißen nicht Krebs, und wir heißen nicht Kunz,
blubb, blubb.
Wir heißen nur Barsch, das weiß jeder im See,
der Plötz und der Hecht und die Wasserfee,
blubb, blubb, – hm, hm, – blubb, blubb.

Nach dem Gesang durften dann alle aufs Brett, und Karlchen ermahnte sie nur, nicht so viel Lärm zu machen, damit die andern nicht ängstlich würden. Und so fuhren sie eine ganze Weile über den sandigen, sandigen Grund.

Aber dann drehte Karlchen sich um und sagte: »Du Glotzauge, du hast vorhin so schön den Ton angegeben, du wirst mir sicher auch sagen können, woher ihr eure wundervollen, silbernen Schwimmblasen habt. Ich fahre dann noch eine Stunde mit euch spazieren.«

Aber bevor Karlchen noch ein zweites Mal fragen

konnte, machte Glotzauge »Husch!«, und alle kleinen Barsche ließen sich nach hinten fallen und sausten am Grund davon.

Nun wurde Karlchen über alle Maßen traurig, und seine Traurigkeit war so groß, daß er die zarte Leine aus der Hand legte und den jungen Haubentauchern sagte, sie könnten ihn ziehen, wohin sie wollten. Und sie zogen ihn auch in alle Himmelsrichtungen, und Karlchen glaubte, er werde nie mehr zu einer schönen, silbernen Schwimmblase kommen. Aber plötzlich hörte er ganz leise Hilferufe, und als er den Kopf hob, da sah er eine kleine blinkende Maräne. Da sie aus einer Familie stammte, aus der auch die Lachse kommen, war sie adlig und hieß mit vollem Namen: Frieda Beate Freifrau von Pyrmont-Kiemenrot, genannt: Blinkerchen. Das Maränenfräulein hing mit ihrer entzückenden Oberlippe am Haken einer Grundangel, und sie zirpte sehr kläglich und rief immer wieder einen Namen. Der Name lautete: Harry Sunderland. Das war ein amerikanischer Edelzander und der Bräutigam von Blinkerchen, ein sportlicher und schlaksiger Bursche. Aber so oft Blinkerchen auch rief, ihr Bräutigam Harry kam nicht – denn er suchte sie an einer Flußmündung, wo sie sich verabredet hatten.

Karlchen hielt neben ihr an und sagte: »Du hast großes Pech gehabt, Blinkerchen.«

»Mach mich los, Karlchen«, bat das Maränchen, »ich habe mich erst gestern verlobt, und mein Bräutigam Harry wartet an der kleinen Flußmündung. Wenn du mich nicht losmachst, schwimmt er vor Enttäuschung in das erste beste Netz.«

»Ich will dir helfen, Blinkerchen«, sagte Karlchen, »aber was bekomme ich dafür?«

»Alles, was du willst«, sagte Blinkerchen.

»Ich will gar nichts haben«, sagte Karlchen, »ich will nur etwas wissen.«

Und Blinkerchen versicherte ihm, daß sie ihm alles, alles erzählen wollte. Er sollte nur fragen. Und sie hatte große Angst, daß Harry Sunderland sie vielleicht gar nicht mehr leiden mochte mit der verletzten Oberlippe.

Aber Karlchen tröstete sie und sagte: »Das heilt bei dir schnell. Du bist ja noch jung.« Und dann löste er sie sehr vorsichtig vom Haken der Grundangel und sagte: »So, das wäre geschafft.«

Blinkerchen war überglücklich und sagte: »Womit kann ich dir nun aber danken, Karlchen?«

»Das ist ganz einfach«, sagte Karlchen, »ich möchte nur etwas wissen.«

»Sag es nur, ich erzähle dir alles, was du wissen willst«, beteuerte Blinkerchen.

»Gut, dann kannst du mir, bitte schön, erzählen, woher ihr Fische eure schönen, silbernen Schwimmblasen habt.«

Da wurde auch Blinkerchen ganz rot vor Angst und stotterte: »Oh, Karlchen, das darfst du mich nicht fragen. Frag mich etwas anderes, frag mich nach allem in der Welt. Nur das nicht, nur das nicht.«

»Schön, Blinkerchen«, sagte Karlchen, »wenn du dein Versprechen nicht hältst, dann mußt du wieder an den Haken. Es tut mir leid, aber ... dann muß dein Bräutigam eben warten.«

»Nicht wieder an den Haken«, flehte Blinkerchen.

»Dann mußt du es mir eben sagen. Es bleibt auch unter uns. Ich werde es bestimmt keinem erzählen«, sagte Karlchen.

»Wir haben alle schwören müssen, Karlchen. Kein Fisch darf verraten, von wem er seine Schwimmblase hat. Frag mich doch etwas anderes.«

»Nein«, sagte Karlchen, »etwas anderes interessiert mich nicht. Also komm, mach das hübsche Mäulchen wieder auf.« Und er griff nach dem Blinkerchen und wollte es wieder an den Haken hängen.

»Nicht, nicht«, schrie das Maränchen, »ich sag es dir, ich sag es dir. Aber vielleicht wird etwas Schlimmes passieren.«

»Es wird gar nichts passieren«, sagte Karlchen, »also, wo kriegt man die schönen, silbernen Schwimmblasen.«

»Komm, ich zeig es dir«, sagte das verschreckte Blinkerchen.

Und sie fuhren ganz still und lange über den sandigen Grund, und Blinkerchen saß hinten und bebte nicht schlecht. Es war ihr plötzlich alles egal. Und sie kamen an eine Stelle des Sees, wo der Grund nicht mehr sandig war, sondern morastig und weich, und Karlchens Brett rutschte jetzt wie ein Schlitten darüber. Und wie das Brett darüberfuhr, wirbelten furchtbar viel schwarze Flocken hoch, und es sah aus wie schwarzer Schnee. Karlchen bekam fast ein wenig Angst. Und dann sah er für einen Augenblick im Eingang einer Höhle den Leib eines riesigen, alten Karpfens. Der stand fast bewegungslos.

Karlchen fragte sofort: »Wer ist denn der alte Herr, da, in dem dunklen Lodenmantel?«

»Das ist Florian, der Karpfen«, sagte Blinkerchen, »aber ich muß dich jetzt allein lassen. Ich habe mein Versprechen gehalten.« Und das Maränenfräulein von Pyrmont-Kiemenrot verschwand in einer Wolke schwarzen Flockenschnees.

Karlchen ließ die jungen Haubentaucher halten, stieg ab und ging zu Fuß weiter. Direkt auf die Höhle zu, in der er den Karpfen Florian gesehen hatte.

Nun mußt du wissen: Florian war alt und taub und blind. Aber er war ein großer Künstler. Mit seinen dikken, weichen, beweglichen Lippen konnte er die schönsten Luftblasen formen, die je geformt wurden. Er nannte sich darum auch Kunstluftblasenbildner. Manchmal hatten seine Luftblasen die Form von Pinguinen, manchmal von Tabakpfeifen; ein anderes Mal blies er welche, die sahen aus wie Herzen oder wie Rettungsringe. Es fielen ihm immer neue Sachen ein. Dieser alte und taube Karpfen Florian machte auch die schönen, silbernen Schwimmblasen.

Und das war so: Zu einer bestimmten Zeit versammelten sich die Fischbabys vor der Höhle, und wenn es soweit war, zogen sie in einer Reihe an der Höhle vorbei, und alle sperrten dann ihr Mäulchen auf, und Florian holte tief Luft und blies jedem eine Schwimmblase ein. Manche bekamen eine größere, manche eine kleinere, je nach Alter und Familie. Anschließend mußten sie dann schwören, keinem zu erzählen, woher sie die Schwimmblase bekommen hatten, denn man fürchtete, daß sich eines Tages Wesen finden würden, die den alten Florian raubten und seine Kunst für andere Zwecke mißbrauchten. So ganz unrecht hatten sie auch nicht, wie du wohl zugeben wirst. Darum wurde der alte Florian streng bewacht. Der Fisch, der ihn bewachte, hieß Neunauge, und man sagte ihm nach, daß ihm keine Bewegung im ganzen See entging.

Dieses Neunauge, mußt du nun wissen, war sehr eingebildet und stolz, daß es den Florian bewachen durfte. Es schwamm immer in schwarzen Samt gekleidet vor der Höhle hin und her, und vor Einbildung und Eitelkeit bewegte es kaum den Schwanz. Flossen hat es nämlich keine. Das Neunauge hielt sich für wichtiger als den alten Kunstluftblasenbildner, und wenn die ganz jungen Fische zum Schwimmblasenempfang kamen, schimpfte und kommandierte das Neunauge nur so herum. Nur wenn junge Maränenmädchen kamen, schimpfte es etwas weniger. Dann klemmte es sich oft eine Seenelke in eins der sieben Kiemenlöcher und schwamm eingebildet auf und ab.

Als nun Karlchen zwischen den schwarzen Flocken hervorkam, wollte das Neunauge gleich Alarm geben. Aber Karlchen winkte ihm, daß er etwas Wichtiges zu erzählen habe, und das Neunauge wartete noch mit dem Alarm.

»Kann ich dich mal sprechen, Neunauge«, sagte Karlchen.

»Bleib stehn«, sagte Neunauge, »ich komme zu dir. Wer hat dich hierhergebracht?«

»Diese beiden Haubentaucher«, sagte Karlchen.

»Das ist ganz unmöglich«, sagte Neunauge, »sie wußten den Weg nicht.«

»Wir fanden ihn durch Zufall«, sagte Karlchen.

»Dann verschwindet wieder«, sagte Neunauge, »hier ist Sperrgebiet. Was willst du überhaupt hier?«

Da nahm Karlchen seinen ganzen Mut zusammen und sagte bestimmt: »Ich möchte dich fragen, ob ich hier vielleicht so eine schöne, silberne Schwimmblase bekommen kann. So wie die Fische sie haben.«

»Das ist völlig unmöglich«, sagte Neunauge, »verschwinde.«

»Ich will sie ja auch nicht umsonst haben«, sagte Karlchen, »schau her, ich würde dir dieses Messer dafür geben.«

Neunauge schaute neugierig auf das Messer und sagte: »Unmöglich. Was kann man damit machen? Zeig mal her.«

»Du kannst damit Seenelken schneiden«, sagte Karlchen, »und wenn dich jemand bedroht –«

»Kann man damit auch Warzen abschneiden und die Haut glätten?«, fragte das eitle Neunauge.

»Aber klar«, sagte Karlchen, »ganz besonders. Das Messer eignet sich sehr gut zur Schönheitspflege.«

Da war das eingebildete Neunauge auch schon bestochen und forderte Karlchen auf, sich ganz still zu verhalten.

Karlchen verhielt sich auch ganz still und wartete. Und nach einer Weile sah er, daß vor der Höhle ein Blasrohr aufgestellt wurde, und einige zwanzig Fischbabys wurden von ihren Kindermädchen oder Eltern hergebracht. Das Neunauge begann gleich, mit ihnen zu schimpfen, und gab ihnen den Befehl, sich in einer Reihe aufzustellen und keinen Lärm zu machen. Und dann winkte er Karlchen heimlich, sich ans Ende der Reihe zu stellen, und gab ihm den Rat, sich genauso wie die Fische zu verhalten. Und nun begann das Neunauge, alle zur Geheimhaltung zu ermahnen. Und als er damit fertig war, klopfte er dem alten Karpfen Florian ein Morsezeichen auf den Rücken, und Florian rollte und zuckte mit seinen dicken, weichen Lippen und schob sein Maul vorsichtig über das Blasrohr.

»Fertig«, rief Neunauge, »der erste kann anfangen. Bitte vorher Brustumfang und Taillenweite angeben.«

Und die Fische gingen einzeln an das Blasrohr heran, und das Neunauge morste dem alten Florian die Maße auf den Rücken. Wenn er verstanden hatte, begann er zu blasen und wurde ganz rot dabei, und manchmal sprangen ihm dabei auch einige Schuppen ab. Das Blasen machte ihm großen Spaß, aber er hörte doch immer im richtigen Moment auf. Bisher war noch kein Fischbaby bei ihm geplatzt. Und das hätte doch so leicht passieren können.

Als nun Karlchen an die Reihe kam, da stutzte der alte Florian ein bißchen, denn eine so große Schwimmblase hatte er noch nie zu machen brauchen. Aber weil ihm das Blasen so großen Spaß machte, holte er ungeheuer tief Luft, und er blies so stark, daß ihm fast alle Schuppen absprangen und das Rohr wackelte. Karlchen fühlte, wie er leichter und leichter wurde, und zuletzt merkte er, daß er gar nicht mehr zu atmen brauchte. Er fühlte sich auch dick wie eine Tonne, aber das war bestimmt nicht so schlimm. Das war nur das ungewohnte Gefühl. Karlchen schloß vor Erregung die Augen, und der alte Florian wollte gar nicht aufhören zu blasen. Jedenfalls: Auf einmal spürte Karlchen, daß er nicht mehr am Blasrohr hing. Etwas zog ihn unwiderstehlich nach oben – das war natürlich die Schwimmblase. Und er trieb, so sehr er sich auch dagegen wehrte, direkt an die Oberfläche, und jetzt wußte er, woran das lag. Die Schwimmblase war zu groß geworden.

Daran lag es; sie zog ihn wie einen Luftballon nach oben. Er machte Ruderbewegungen wie ein Verzweifelter, aber nichts half. Er blieb oben. Dann kamen die beiden jungen Haubentaucher an und fragten, was los sei.

Und Karlchen sagte: »Jetzt hab ich endlich eine

Schwimmblase. Aber sie ist so groß, daß ich nicht mehr nach unten komm.«

Da versuchten die beiden jungen Haubentaucher ihn hinabzuziehen. Aber es war wirklich nichts zu machen. Karlchen lag dick und rund wie ein Gummiball an der Oberfläche und konnte nicht tauchen. Schließlich begann er zu überlegen, und er überlegte sich, daß es das beste wäre, wenn er sich noch einmal zu Florian bemühte, um die Schwimmblase kleiner machen zu lassen. Der brauchte ja nur etwas Luft abzusaugen. Aber wie sollte er runterkommen? Zufällig kam da der alte Haubentaucher Pablo an. Er befand sich gerade auf einer Promenade und trug einen Zweispitz wie ein Admiral. Er guckte ganz erstaunt auf Karlchen und sagte: »Was ist denn mit dir los?«

»Ich habe mir eine Schwimmblase besorgt«, sagte Karlchen.

»Dann ist wohl auch deine Traurigkeit weg«, sagte Pablo.

»Leider nicht, Pablo«, sagte Karlchen. »Jetzt hab ich eine Schwimmblase, aber sie ist zu groß. Ich kann nicht mehr nach unten. Die beiden Herren, die du mir vermietet hast, schaffen es nicht mehr. Es ist zum Auswachsen.«

Da legte der alte Pablo seinen Kopf mit dem Zweispitz schräg und dachte nach. »Ich hab's«, sagte er und pfiff einmal über den See. Und aus dem Schilf kamen sechzehn junge, schnelle Haubentaucher herbei. Die wurden gleich vor Karlchen gespannt und zogen ihn ohne Mühe nach unten.

Als er unten ankam, wurde er sofort von dem eingebildeten, eitlen Neunauge entdeckt. Das kam sofort wütend angeschwommen und sagte: »Hast du immer noch nicht genug?«

»Natürlich hab ich genug«, sagte Karlchen, »ich hab sogar zu viel. Meine Schwimmblase ist nämlich zu groß.«

»Dann freu dich doch«, sagte das Neunauge.

»So nützt sie mir aber nichts«, sagte Karlchen«, und darum möchte ich, daß der alte Florian etwas absaugt, damit sie kleiner wird, verstehst du, und damit ich tauchen kann.«

»Ich versteh schon«, sagte das Neunauge, »du brauchst nicht so zu schreien. Aber das ist unmöglich. Das machen wir nur in ganz seltenen Fällen.«

»Ich bin so ein Fall«, sagte Karlchen.

»Das weiß ich«, sagte das Neunauge. »Aber wir dürfen es nicht. Und wir sind unbestechlich.«

Da zog Karlchen seinen Taschenspiegel aus der Tasche und hielt ihn dem Neunauge hin.

»Was ist das«, sagte das Neunauge.

»Ein Taschenspiegel«, sagte Karlchen, »man sieht hinein und erblickt sich selbst.«

Da wurde das Neunauge ganz aufgeregt. »So«, sagte es, »kann man vielleicht auch kontrollieren, ob der Anzug sitzt und wie die Augenfarbe ist und ob man überhaupt vorteilhaft aussieht.«

»Aber klar«, sagte Karlchen.

Da zog das Neunauge Karlchen vor das Blasrohr und gab dem alten Florian Morsezeichen, die Schwimmblase kleiner zu machen, und während der Karpfen die Luft wieder einsog, nahm das Neunauge den Taschenspiegel und schwamm etwas weiter fort, um sich in Ruhe zu betrachten.

Vielleicht wirst du nun glauben, daß alles gutging und daß Karlchen eine passende Schwimmblase bekam. Das stimmt leider nicht. Es ging nicht alles gut. Denn plötzlich sauste das Neunauge wie ein Blitz heran, schleuderte den Taschenspiegel gegen das Blasrohr, schimpfte und tobte und versetzte dem alten Karpfen Florian einen Schlag, einen harten Schlag mit einer ausgewachsenen Muschel. Florian erschrak so sehr, daß er einen riesigen »Was-ist-denn?«-Seufzer tat, und dieser Seufzer war so groß, daß er die ganze Schwimmblase aus Karlchen mit herauszog, bis auf einen kleinen, winzigen, winzigen Rest. Diesen Rest nennt man heute den Blinddarm.

Du wirst nun wissen wollen, wie das alles kam. Das kam so: Das eingebildete, eitle Neunauge blickte, nachdem es etwas weiter weggeschwommen war, in den Spiegel. Und als es seinen häßlichen Kopf sah und die häßlichen, gekrümmten Lippen, da war es ganz außer sich und glaubte, der Taschenspiegel habe es so häßlich gemacht. Und darum war es auch so in Wut geraten. Bei Neunaugen ist das durchaus möglich. Schade nur, daß der alte Karpfen Florian durch diesen Schreck etwas schwach auf der Brust wurde. Seit einiger Zeit kann er nämlich nur noch kleine silberne Schwimmblasen machen. Du brauchst es gar nicht erst zu versuchen.

Wenn Karlchen nur etwas besser aufgepaßt hätte und dem eingebildeten Neunauge keinen Spiegel geschenkt hätte, dann hätten wir alle eine schöne, silberne Schwimmblase und niemand bräuchte mehr zu ertrinken.

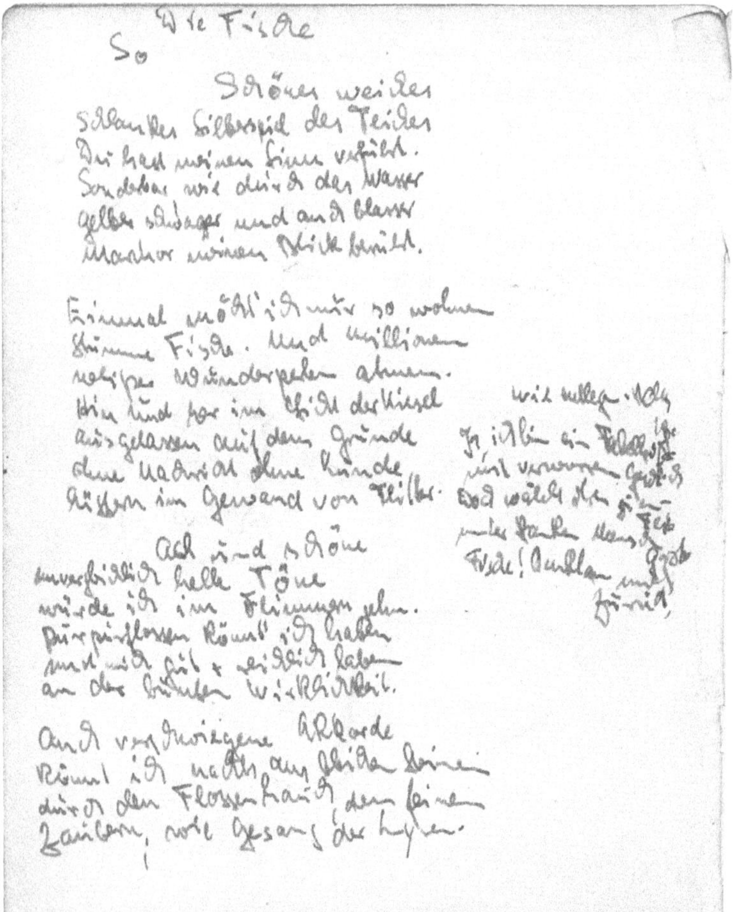

Siegfried Lenz' Handschrift von *Die Fische* in einem Heft mit Vorlesungsnotizen. Das Gedicht wurde am 9. September 1948 in *Die Zeit* abgedruckt.

DIE FISCHE

... Schönes weiches
schlankes Silberspiel des Teiches.
Du hast meinen Sinn verführt.
Sonderbar, wie durch das Wasser
gelber, schwarzer und auch blasser
Marmor meinen Blick berührt.

Einmal möcht' ich nur so wohnen
stumme Fische! Und Millionen
weißer Wunderperlen atmen.
Hin und her im Licht der Kiesel,
ausgelassen auf dem Grunde,
ohne Nachricht, ohne Kunde,
lüstern im Gewand von Flitter.

... Ach und schöne,
unvergleichlich helle Töne
würde ich im Flimmern sehn.
Purpurflossen würd' ich haben
und mich gut und reichlich laben
an der bunten Wirklichkeit.

Auch verschwiegene Akkorde
könnt' ich nachts aus bleichen Steinen
durch den Flossenhauch, den feinen,
zaubern; wie Gesang der Lyren.

Wie entlegen ist das Ufer!
Ja, ich bin ein Fabelrufer
mit verworrenem Geschick.
Wählt ihr einst zu einem Feste
unter kranken Menschen Gäste:
Fische, denkt an mich zurück.

Mit Pfeife auf dem Steg seines Sommerdomizils auf Alsen in Dänemark.

Liselotte und Siegfried Lenz auf dem Meditationsbänkchen am Tetenhusener Teich.

DER FISCH DES JAHRHUNDERTS

Als wir erfuhren, daß der Karpfen zum Fisch des Jahrhunderts gewählt wurde, hielt es uns nicht mehr im Haus. Wir mußten schnell zu unserem Teich am Waldrand, mußten zu unserem Meditationsbänkchen, um unseren beschuppten Freunden beizubringen, welch eine Ehre sie ereilt hatte. Fisch des Jahrhunderts: Das ist ja so gut wie der Nobelpreis, dachten wir, das ist eine außerordentliche Würde, die umso mehr zählt, als die internationale Jury aus tausend petrischen Sachverständigen bestand. Um das Ereignis angemessen zu markieren, schnitten wir rasch ein paar Scheiben Weißbrot ab, als Festschmaus sozusagen, und machten uns auf den ausgetretenen Weg.

Unsere Karpfen hatten uns früh wahrgenommen, hellhörig, wie sie nun einmal sind, hatten sie uns an den Erschütterungen, die unsere Schritte hervorriefen, ausgemacht. Wir brauchten nicht zu pfeifen, nicht zu rufen; mit eleganten Schlägen der zweilappigen Schwanzflosse, Bugwellen aufwerfend, schwammen sie auf uns zu, einige hoben die langen Rückenflossen aus dem Wasser. Am Ufer entlanggehend, folgten sie uns, schwammen gewissermaßen bei Fuß bis zu der Stelle, an der sie ihr Futter bekamen. Mitunter schnellte sich ein Fischkörper in die Luft und tauchte klatschend wieder ein; wir konnten nicht anders, wir hielten es für Vorfreude.

Welch eine seltene Wahl auf sie gefallen war – sie wußten es noch nicht. Sie verhielten sich wie üblich, tauchten furchtlos vor uns auf, musterten uns aus ihren kleinen blassen Augen, öffneten schon mal das gelbliche Karpfenmaul, das wie ein vorgestülpter Rüssel anmutet. Noch bekamen sie keinen Leckerbissen, noch beugte ich mich nicht zu ihnen hinab, um sie sanft zu klappen, zu streicheln, was die dreizehnjährigen Burschen sonst gutmütig, vielleicht sogar genießerisch hinnahmen. Meine Frau und ich setzten uns auf das Meditationsbänkchen, auf dem wir allabendlich saßen, um dem friedvollen Corso unserer Fische zuzuschauen. Mir war klar, daß die hohe Auszeichnung nicht wortlos quittiert werden konnte, eine Rede mußte gehalten werden, eine Laudatio, auf Fisch-Art, versteht sich, also stumm, in Gedanken.

Und ich dachte: Ihr Karpfen – euer wissenschaftlicher Name lautet Cyprinus carpio. Ihr Karpfen seid von altem, ehrwürdigem Geschlecht. Bereits der gelehrte Mönch Cäsarius von Heisterbach hat euch erwähnt, desgleichen ein Mann namens Cassiodorus, der Geheimschreiber des Ostgoten-Königs Theoderich war.

Da ihr schon in früher Zeit eine beliebte, ja, die beliebteste Fastenspeise wart, konnte man euch häufig in der Nähe von Klöstern finden, in Klosterteichen. Die Legende weiß, daß ihr, Liebhaber der Wärme, vor der europäischen Eiszeit nach Vorderasien geflohen seid und erst im Altertum nach Europa zurückkehrtet.

Als wollten sie mich daran erinnern, daß sie ein Recht darauf hatten, gefüttert zu werden, produzierten sie schmatzende Geräusche, Blubbergeräusche und stießen kleine Luftblasen aus. Ich gab nichts darauf, ich setzte in Gedanken meine Rede fort. Meine sprachlosen Freunde, so fuhr ich fort, schon Izaak Walton, der Klassiker aller Sportangler-Literatur, hat bereits 1653 euer Loblied gesungen, in seinem unvergessenen Buch *Der vollkommene Angler*. Er attestierte euch, edel, stattlich, klug und ungewöhnlich zäh zu sein, außerdem bescheinigte er euch eine verblüffende Schmackhaftigkeit. Es ist wohl nicht fair, in solch einem Augenblick eure Schmackhaftigkeit zu erwähnen, doch da man euch zum Fisch des Jahrhunderts erwählt hat, muß ein Lob total sein. Daß – wie Walton feststellte – eure Galle und die Steine aus eurem Kopf zu medizinischen Zwecken verwendet wurden, sollte nicht unterschlagen werden. Eure Kauplatten und Gehörsteine, so wissen andere Chroniken, sollen, zu Pulver zermahlen, das Blut stillen, sollen das Fieber senken, sogar die Fallsucht heilen. Und in den Wein geschüttet, ist gestoßener Karpfenstein gut gegen Kolik und Sodbrennen, selbst gegen Nierensteine soll er helfen. All diese Eignungen und Fähigkeiten kann man euch nicht ansehen, wenn ihr eure Bahnen zieht, geruhsam, anscheinend bieder in eurer Gedrungenheit, und bei allem anspruchslos. Ja, und auch dies muß hervorgehoben werden: die Anspruchslosigkeit. Wir können euch nicht wie die alten Chinesen mit den toten Puppen der Seidenspinnerraupe füttern, nicht mit Bienen oder Schmetterlingen; bei uns begnügt ihr euch mit gepreßter Kleie, ab und zu mit einem Brocken Brot, vor allem aber lutscht ihr die Wasserpflanzen ab, macht mit eurem legendären Tastsinn kleine Nährtiere aus oder nehmt das Maul voll Schlamm und schmeckt ihn durch auf der Suche nach Bekömmlichem. Tief könnt ihr euer Maul in den Teichgrund eindrücken, Barteln und Lippen erspüren, was euch wohltut.

Plötzlich, wir saßen still auf unserem Bänkchen, hörten wir ein mächtiges Platschen in der Mitte des Gewässers, ein Fischkörper hob sich leicht und schoß mit kräftigem Schlag der Schwanzflosse in die Tiefe, und als seien all unsere Karpfen durch ein Alarmsystem verbunden, tauchten alle ab, panisch, wie unter einer akuten Bedrohung. Jäh zeigte sich da euer sprichwörtlicher Argwohn. Wenn einer von euch erschrickt, glauben alle erschrecken zu müssen, gleichsam, als stünde euch ein kollektives Schicksal bevor.

Ihr, meine Karpfen – so dachte ich –, wolltet seit jeher immer ihr selbst sein, gleichviel, in welch einem Gewässer ihr lebtet. Wir aber haben euch zu einem Wirtschaftsfisch gemacht, und das hat eure Lage verändert. Warum der Karpfen zum Wirtschaftsfisch wurde, ist leicht erklärt. In Teichen gezogen und gehegt, vermehrt er sich staunenswert: 200 000, 400 000, ja nach einigen Quellen 600 000 Eier laicht ein Karpfenweibchen ab. Seltsamerweise zeigt ihr einen absonderlichen Appetit auf eure eigene Brut, weshalb ihr Verständnis haben müßt für den Teichwirt, der die großen Fische nach dem Laichen herausfängt. Immerhin, bei der enormen Zahl der Fischeier ist die Überlebenschance gesichert, nicht einmal eine Woche dauert es, bis die Jungen schlüpfen; mühsam, wie alles Leben zu Anfang, ist der Weg an die Oberfläche, wo dann die Schwimmblase gefüllt und die schwimmende Existenz erleichtert wird. Noch müßt ihr für euch selbst sorgen. In den Vorstreckteichen, in die der Teichwirt euch setzt, nehmt ihr mit allerkleinsten Lebewesen und Infusorien vorlieb; erst wenn ihr knapp fingerlang seid und in die sogenannten Brutstreckteiche umgesetzt werdet, gibt es Futter von außen, Schrot vor allem, aber auch Kartoffeln. Daß der Speisezettel eurer Artgenossen, die in Wild- und Flußgewässern leben, kärglicher ist, versteht sich von selbst. Als Wirtschaftsfisch eignet sich der Karpfen nicht zuletzt deshalb, weil er zufriedenstellend und kalkulierbar wächst. Nach zwei Sommern bereits wiegt er ein knappes Pfund, und bei guter Ernährung kann er es nach dem vierten Sommer bis auf fünf Pfund bringen. Und trägt man euch nicht zu Markte und beläßt euch in eurem Element, dann könnt ihr ein Gewicht von dreißig Pfund und mehr erreichen. Ihr, meine Karpfen, habt bei weitem nicht solch ein stattliches Gewicht, dennoch ist es euch jetzt schon anzusehen, welche Fettreserven ihr euch angefuttert habt. Meine Frau will an euch gewölbte Kapitänsnacken festgestellt haben. Mit Hilfe der Fettreserve kommt ihr ohne Ernährung auch durch harte Winter. In Schrägstellung, mit dem Kopf nach unten, nur gemächlich atmend steht ihr über dem Grund, monatelang. Ein Fachmann will wissen, daß ihr in dieser Zeit der Entbehrung nur ein Hundertstel eures Gewichts verliert. Ich halte bereits ein Zehntel für erstaunlich. Indem ihr die Winter buchstäblich schwebend meistert, kommt ihr gut in die Jahre: 25, 30 Jahre könnt ihr alt werden. In einem Potsdamer Teich soll ein Karpfen gelebt haben, der weit über hundert war, was ich allerdings für Latein halte.

Zum Glück unserer petrischen Zunft ist der Karpfen aber nicht nur ein Wirtschaftsfisch. Mit seiner oft bewiesenen Schläue, mit seinem Argwohn, mit seiner unvermuteten Kampfnatur stellt dieser ledermäulige Freund für jeden Angler eine Herausforderung dar. Um einen kapitalen Karpfen zu landen, ist so manches nötig, gewiß aber dies: Behutsamkeit, um sein notorisches Mißtrauen zu zerstreuen; List, um ihn von seinem Ruheplatz zu locken, die Kunst des Köderns, um ihn zum Biß zu verführen. Wir wissen, daß er nur sehr selten in Reusen geht und daß er zum Meisterspringer wird, wenn es gilt, einem Zugnetz zu entkommen. Unter allen Süßwasserfischen – schrieb schon John Norman in seiner *Hohen Schule des Angelns* – ist der Karpfen der weitaus am schwierigsten zu fangende Fisch.

Seit mehr als dreihundert Jahren haben uns findige Angler überliefert, mit welchem Köder sie euch überlisten können. Brot und Kartoffel: sie gehören wohl zu den schlichten Bestückungen des Hakens; darauf fallt ihr immer noch herein. Aber auch Kirschen habt ihr nicht verschmäht, ebensowenig den frischen Regenwurm. In älteren Zeiten wurden Karpfen mit geschnittenem Kaninchenfleisch geködert, das mit Bohnenblüten und Honig gemischt war. Von Geflügeldärmen wird berichtet, von gesüßter Teigpastete, aber auch von einem scharlachfarbenen Wollfaden, der, mit Petroleum angefeuchtet, einfach um den Haken gewickelt wird. Sonderbar, worauf der Karpfen bei all seiner Schläue hereinfällt.

Einmal am Haken gibt der Karpfen sich aber nicht so leicht geschlagen. Seitlich schnürt er weg, schlägt Bögen, sucht weniger die Tiefe als die Nähe von Kraut und Schilf, mitunter schießt er auch auf den Angler zu, als wollte er diesem seine Ausdauer beweisen. Was dieser Fisch zu eines Anglers Kurzweil beiträgt, muß man selbst erlebt haben, um es würdigen zu können.

Manches wollte ich noch zum Ruhm des Jahrhundertfisches sagen, doch ich mußte meine Lobrede beenden, mußte mich zu meinen Karpfen hinabbeugen, die mich, wie sie es gewohnt waren, mit geöffneten

Mäulern anbettelten: Zutraulich drängten sie heran, die großen nahmen mir Brocken aus der Hand, der Allergrößte, mit dem mich persönliche Sympathie verbindet, versuchte meinen Zeigefinger zu schlucken. Und wenn sie wegschnellten, zeigten sie mir wie zum Dank ihre schönste Seite. Und um uns anhaltend zu erfreuen, formierten sie sich zu einem lockeren Corso und führten uns übermütig einige Schwimmkunststücke vor.

Zu Recht, dachte ich, zu Recht haben erfahrene Angler euch Karpfen zum Fisch des Jahrhunderts gewählt. Ich bin stolz auf euch – auch wenn ihr schuld daran seid, daß ich meiner petrischen Leidenschaft nicht mehr nachgehe. Ja, seitdem wir einander haben, brachte ich es nicht mehr fertig, die Angel auszuwerfen, so sehr seid ihr uns ans Herz gewachsen mit eurer Anhänglichkeit. Wir haben unser Gewässer einen Gnadenteich genannt; Schonzeit ist also garantiert; lebenslang. Wer meine Karpfen erlebt hat, ihre Friedfertigkeit, ihre Lebensfreude, ihre Zutraulichkeit und nicht zuletzt ihre verblüffende Schönheit – wird gewiß Verständnis dafür haben.

Siegfried Lenz' Festrede anlässlich der Wahl des Karpfens zum Jahrhundertfisch wurde in der Dezemberausgabe der vom Verband Bayerischer Berufsfischer herausgegebenen Fachzeitschrift *Fischer & Teichwirt* abgedruckt (Heft 12/1999), in der über die Verleihungsveranstaltung berichtet wurde.

Die Eheleute beim abendlichen Fischefüttern.

Noch als Angler – mit erlegtem Karpfen, Hohenhaus, Ostern 1977.

IM AUGE DES KARPFENS

von Thomas Ganske

Lieber Siegfried, ich freue mich, dass Du bereit warst, dieses Datum mit uns zu feiern. Es ist ein Anlass zu sagen, was in einem anderen Kreis oder bei anderer Gelegenheit so nicht gesagt werden könnte. Um mich zu nähern, möchte ich erst meine Erfahrungen und meine Perspektiven festlegen: Mit den Büchern von Siegfried Lenz bin ich, wie viele meiner Generation, aufgewachsen, und ich bin mir völlig sicher, ich hätte das *Stadtgespräch* auch dann gelesen, wenn der Autor dieser Bücher nicht gelegentlich bei uns zum Abendessen zu Hause gewesen wäre. Denn ich mochte die Erzählweise, ich mochte die Personen und fühlte mich ihnen nahe, weil ich ihre Konflikte verstehen konnte.

Nicht um Bücher geht es mir, sondern um meine Geschichte mit Siegfried Lenz. Sie begann nicht im Verlag, sie begann in einem Auto, auf der Fahrt von Hamburg nach Hohenhaus, einem abgelegenen kleinen Ort auf dem Lande. Rückblickend kann ich feststellen: Zwischen uns entstand augenblicklich ein Vertrauensverhältnis. Denn Siegfried Lenz vertraute sich vorbehaltlos meinen Künsten als Chauffeur an – ich war jung und mein Führerschein neu. Und ich, ich fühlte, dass ich ihm auch bei höherer Geschwindigkeit gefahrlos meine ausgereifte Meinung über Gabriel García Márquez anvertrauen konnte, ohne eine relativierende oder mäßigende Bemerkung zu hören. Bis dahin hatte ich Siegfried Lenz als Gast meiner Eltern auf Hohenhaus erlebt, immer aus der Distanz, und ich wusste allenfalls von ihm, wie zärtlich Suleyken war. Aber nach dieser Autotour war alles anders: Zum einen wurde mir klar, dass ich mit der Erfüllung des Auftrags meines Vaters, Siegfried Lenz, ein Mitglied der Gruppe 47, wohlbehalten nach Hohenhaus zu bringen, einen wesentlichen Beitrag zur deutschen Literaturgeschichte geleistet hatte. Zum anderen fühlte ich, dass der Gast und der Freund meiner Eltern eines Tages auch mein Gast und mein Freund werden könnte. Noch am selben Tag überprüften wir die zweite Gemeinsamkeit, die sich nach Gabriel García Márquez unterwegs ergeben hatte – zum Ausgleich gingen wir fischen. Wir liefen mit der Rute in der Hand zu einem Talgrund, versuchten uns an verschiedenen Fischgewässern. Und dann geschah es, den alten heimlichen Karpfen, der mir nie an die Angel gehen wollte, den hat Siegfried Lenz dann noch rausgefischt – wie selbstverständlich. Später hat er es zugegeben, dass dieses Meisterstück, in diesem Gewässer, dessen Geheimnisse nur ich zu kennen glaubte, kein

Wunder war: »Ich lernte fischen und schwimmen, bevor ich lesen lernte.« Und das war bei mir nun einmal andersherum. Der Lenz-Karpfen übrigens wurde sofort in die Küche gebracht, dort geschuppt und zubereitet, und bevor das Mahl begann, kam meine Mutter mit einer fein gesäuberten Fischschuppe, aber das ist wieder, um mit Rudyard Kipling zu sprechen, eine andere Geschichte.

Zitiert nach einer Rede, die Thomas Ganske anlässlich des fünfzigjährigen Jubiläums von Siegfried Lenz als Autor des Verlags Hoffmann und Campe am 23. Februar 2001 hielt. Er erinnerte darin an den 17. Oktober 1950, den Tag, an dem Siegfried Lenz mit dem damaligen Verleger von Hoffmann und Campe, Kurt Ganske, den Vertrag zu seinem ersten Roman *Es waren Habichte in der Luft* unterschrieben hatte.

Der »masurische, rundköpfige Bruder Undines« beim Bad nahe der Farchauer Mühle, Schmilau, 1950.

Florian, der Karpfen
Ein Märchen und seine Geschichte

NACHWORT

Im Dienst des schwarzen Fischkönigs

Dass im Werk von Siegfried Lenz zahllose Fische herumschwimmen und geangelt werden und er mit Vorliebe wasserreiche Texte verfasst, die an der Nordseeküste, zwischen binnenländischen Fischteichen, im kleinen Dorf Bollerup an der Ostsee oder an den Seen seiner Heimat Masuren spielen, hat seinen Ursprung in Lenz' Kindheit. 1966 blickt er in seinem autobiographischen Essay *Jahrgang 1926* auf diese Zeit zurück:

> *Ich wohnte in einem kleinen Haus am Seeufer, und der Lyck-See war für mich die Welt im Spiegel. Ich erkundete seine Ufer. Ich lernte fischen und schwimmen, bevor ich lesen lernte. Der ruhige See weihte*

mich in seine Geheimnisse ein und gewährte sanfte Abenteuer. [...] Im Boot, auf träge driftendem Binsenfloß, im Segelschlitten und im schwülen Schilfgürtel bot ich ihm eine zarte Freundschaft an. Wer mich suchte, brauchte nur ans Wasser zu gehen, wo ich auf den schwarzen Fischkönig wartete, den meine Großmutter nicht müde wurde, zu denunzieren, weil sie sich Sorgen um mich machte. Ihre Warnungen hatten das Gegenteil bei mir erreicht: ich sehnte mich nach dem Anblick des schwarzen Fischkönigs, um ihm meinen Dienst anzubieten, ich wollte sein Admiral ohne Bezahlung werden, seine Gegner vernichten und hinterher seine fischlippige Tochter heiraten, die ich mir als entzückend gefährdete Karausche vorstellte.

Möglicherweise leitet sich aus dieser frühen Kinderphantasie auch die Idee des späteren Schriftstellers ab, Menschen mit Wassertieren zu vergleichen. Sie findet sich in Lenz' Werk immer wieder, sei es beim Kaffeetrinken in *Deutschstunde* (1968), wo »altersgraues Meergetier« sich am Geburtstagstisch versammelt, »stelzbeinige Hummer, Krabben und Taschenkrebse«, Sandkuchen, Nusstorten und Streuselkuchen vertilgen, Siggi in einem Zackenbarsch seine Mutter und in einem Laternenfisch den Maler Nansen erkennt. Ebenso in der Erzählung *Ein geretteter Abend* (2013), in der ein Vortrag über das Seeaquarium von Meereskundler Elmar

Schnoof den eigentlich geplanten, krankheitsbedingt aber ausfallenden Vortrag des Referenten Schniedewind »Über das Wesen literarischer Kritik« problemlos kurzfristig ersetzt. Dabei erkennen die Zuhörenden im großen Zackenbarsch hochamüsiert den berüchtigten deutschen Chefkritiker, dem Siegfried Lenz den Text widmet. Auch bildet der Fischvergleich ein kleines Nebenmotiv im Fischzüchterroman *Die Auflehnung* (1994), in dem Onkel Willy einem Goldbutt gleicht und sein Bruder Frank einem Wels – zumindest in den Augen des künftigen Fischereibiologen Kai.

Im Essay über seine Kindheit stellt Lenz seine »besondere Beziehung zum Wasser« heraus,

> *eine Art dämmerndes Heimweh verbindet mich mit ihm, ein sanfter neurotischer Eros beginnt wirksam zu werden, sobald ich unter die Oberfläche tauche; es gab schon Augenblicke, da hielt ich mich für einen masurischen, rundköpfigen Bruder Undines. Märchenwelt, reglos gespiegelte Kindheit, der Genuß dunkler Erwartungen, die Schönheit der Fische, die Verheißungen des Horizonts: vieles kommt zusammen* [...].

Natürlich gehört auch das Angeln dazu: »Als ich sechs Jahre alt war, saß ich stundenlang mit meiner Angel allein am Ufer des Sees«, erzählt Lenz 1978 in einem Interview. Zur Faszination mag dabei für das Kind Siegfried

Lenz nicht nur der See vor der Haustür, sondern ergänzend auch die Lektüre von *Jörn Farrow's U-Boot-Abenteuern*, von der er selbst berichtet, oder von Jules Vernes *20000 Meilen unter dem Meer* beigetragen haben. Sowohl die 1932 bis 1939 wöchentlich erscheinende Heftchenreihe, in der ein 18-jähriger Junge, Sohn eines U-Boot-Kapitäns, spannende Abenteuer erlebt, als auch der Romanklassiker um Kapitän Nemo und die Nautilus waren begehrter Lesestoff bei heranwachsenden Jungen und befeuerten die Sehnsucht nach fremden Welten, Entdeckungen und Abenteuern.

Als Lenz 1943 zum Militär eingezogen wird, entscheidet er sich für die Marine. Die Ernüchterung über die wenig seeheldische Ausbildung und vor allem die Schrecken des Krieges, in die der junge Kadett sogleich hineingerät – Bomber- und U-Boot-Angriffe, Beteiligung an Kämpfen in der Ostsee, der Anblick von Verletzten, Toten, Flüchtlingen –, bedeuteten ein böses Erwachen für den gerade 17-Jährigen. In einem Bericht für *Das Ostpreußenblatt* wird er 1953 beschreiben, was er im Februar 1945 in Pillau erlebt hat, wo scharenweise Flüchtlinge und Verwundete auf eine Schiffspassage hofften, um der heranrückenden Front in letzter Minute zu entkommen. In den eindringlichen Schilderungen von *Heimatmuseum* wird Lenz seine Eindrücke 1978 noch einmal aufgreifen, ebenso in *Ein Kriegsende* 1984. Nach der Kriegsgefangenschaft und dem Einsatz im Auftrag einer Entlassungseinheit der britischen Armee geht Lenz im

Winter 1945/46 ins kriegszerstörte Hamburg, um dort zu studieren.

Größer konnte der Gegensatz zur Welt des Lyck-Sees, die er drei Jahre zuvor verlassen hatte, nicht sein.

Unter Wasser im Gedicht

Der Hunger, die Kälte, die Unsicherheit des Allein-auf-sich-gestellt-Seins und eine gewisse Planlosigkeit mit Blick auf die Zukunft machen für den nunmehr 20-jährigen Studenten die ersten Nachkriegsjahre aus. Da scheint die glückliche Welt der Kindheitstage wie ein Versprechen, das Heil und Vergessen bringt. Sein Gedicht *Die Fische*, das 1948 in *Die Zeit* abgedruckt wurde, ist eine seiner ersten literarischen Arbeiten. Sie erzählt von einer verführerisch unbeschwerten Märchenwelt unter Wasser. Der »kranke Mensch« sehnt sich nun nicht mehr nach U-Boot-Abenteuern und Entdeckungen, sondern nach einem Flucht- und Rückzugsort: »Einmal möcht' ich nur so wohnen / [...] ausgelassen auf dem Grunde, / ohne Nachricht, ohne Kunde«. Der Seegrund wird zum Fluchtpunkt aus der trümmergeprägten Nachkriegswelt, wie Lenz sie in Hamburg erlebte, in der Elend, Not, Hunger und die Konfrontation mit den Untaten während der Nazi-Herrschaft, mit denen viele Deutsche sich nicht beschäftigen wollten, den Alltag bestimmten. Die Welt unter Wasser verspricht dem »kranken Menschen« eine »bunte Wirklichkeit«, in der das Ufer der eigentlichen Wirklichkeit des grauen Nachkriegsalltags heilsam entlegen ist. Das Gedicht streift ausgelassen durch die herrliche Unterwasserwelt, wie sie etwa Leserinnen und Lesern aus den Anfangsszenen von Hans Christian Andersens Märchen *Die kleine Meerjungfrau* vertraut ist. Auch dies ein Kindheitsmärchen, in dem der erwachsen gewordenen Protagonistin die heile unbesorgte Unterwasserwelt ihrer Kindheit ebenso verloren geht wie dem kleinen Jungen vom Lyck-See, der als Erwachsener noch immer davon träumt. Der kleine Junge wird aber 1953 noch einmal selbst zu Wort kommen.

Das Märchen von Florian, dem Karpfen

Im Nachlass von Lenz, der im Deutschen Literaturarchiv Marbach aufbewahrt wird, ist bereits bei einer ersten Sichtung des Materials nicht nur der bis dahin unbekannte Roman *Der Überläufer* aufgetaucht, sondern auch einige kleinere Texte und Erzählungen, die bislang wahrscheinlich nie gedruckt worden sind. Dazu gehört auch *Florian, der Karpfen,* der in diesem Band erstmals den Leserinnen und Lesern präsentiert wird.

Der Text liegt in zwei Varianten vor: in einer für

den Rundfunk eingerichteten Fassung mit mehreren Sprechrollen und in einer späteren Prosafassung, die zehn Jahre nach der Rundfunkversion erstellt wurde. Darauf lässt zumindest die auf dem Typoskript vermerkte spätere Hamburger Adresse Preußerstraße schließen, während das Rundfunkmanuskript noch in der Oberstraße, wo das Ehepaar Lenz von 1952 bis 1964 lebte, entstanden ist. Einem Sendeprotokoll im Archiv des Norddeutschen Rundfunks lässt sich entnehmen, dass das Hörspiel am 11. Juli 1953 im Kinderfunk des NWDR Hamburg ausgestrahlt wurde. *Florian* ist vermutlich das erste Kinderstück, das Lenz für den Rundfunk schrieb. Es handelt sich um eine vergleichsweise frühe Arbeit von Siegfried Lenz, denn erst ab 1951 hat er regelmäßig für verschiedene Radiosender geschrieben, um sich finanziell den Rücken für seine zunächst weniger einträglichen Erzählungen und Romane freizuhalten. Dabei hat sich oftmals wie im Falle von *Florian* aus der ursprünglichen Rundfunkarbeit auch eine Erzählung entwickelt, oder umgekehrt wurde aus einer Erzählung eine Rundfunkfassung abgeleitet.

Insgesamt sind knapp ein Dutzend Kinderfunksendungen von Siegfried Lenz bekannt. Eine Aufzeichnung des *Florian* ist leider nicht erhalten; da das Sendeprotokoll aber nur einen Sprecher nennt, ist der Text wahrscheinlich einfach vorgelesen worden. In diesem Band ist die im Marbacher Archiv erhaltene Prosafassung abgedruckt, die nur an wenigen Stellen von der Rundfunkfassung abweicht. (Zumeist hat Lenz sich darauf beschränkt, aus den Rollenanweisungen »Karlchen:«, »Pablo:«, »Krebs:« Prosavarianten wie »Karlchen fragte« oder »sagte der alte Pablo« oder »rief der Krebs laut klagend« zu machen und einige Passagen komplett in indirekte Rede zu verwandeln.)

Im Zentrum der Geschichte steht Karlchen, ein kleiner Junge, der mit dem Jungen Siegfried Lenz die Begeisterung für den See vor der Haustür und das Interesse an der Welt unter Wasser teilt, die eine zwar abenteuerliche, aber dennoch vertraute Welt ist. Der Entdeckergeist zieht Karlchen auf den Grund des Sees, und eine Schwimmblase würde es ihm ermöglichen, sich wie die Fische ungestört im See zu tummeln. Darauf ist also all sein Interesse gerichtet: Eine Schwimmblase muss her.

Karlchen und Häwelmann

Bei der Erzählkonstruktion seines Märchens von Karlchen und Florian macht Lenz Anleihen beim großen norddeutschen Märchenerzähler Theodor Storm. Der Tonfall des *Florian* und die Hinwendung zum angenommenen Zuhörer vor allem am Anfang und am Ende der Erzählung sind an Storms Märchen *Der kleine Häwelmann* orientiert. Wenn es bei Lenz heißt: »Das Karlchen hätte nur etwas klüger sein müssen – so wie wir beide es gewesen wären, wenn uns dasselbe passierte« und »Wenn Karlchen nur etwas besser aufgepaßt hätte und dem eingebildeten Neunauge keinen Spiegel geschenkt hätte, dann hätten wir alle eine schöne, silberne Schwimmblase und niemand bräuchte mehr zu ertrinken« (in der Rundfunk-Fassung ergänzt der Erzähler noch: »Sag selbst: Es hat doch gar nicht viel gefehlt?«), so steht diese Leseransprache in klarem Bezug zu Storms Märchen. Nachdem die Sonne den vorlauten und eigensinnigen Häwelmann »mitten in das große Wasser« geworfen hat, kommentiert der Erzähler: »Da konnte er schwimmen lernen.« Und dann wendet er sich direkt an den Zuhörer: »Ja und dann? Weißt du nicht mehr? Wenn ich und du nicht gekommen wären und den kleinen Häwelmann in unser Boot genommen hätten, so hätte er doch leicht ertrinken können.« Wie für Häwelmann geht auch für Karlchen die Geschichte also gerade noch gut aus. Beide erreichen zwar das gewünschte Ziel – »alle sollen mich fahren sehen« und eine silberne Schwimmblase – nicht, entgehen aber immerhin der Katastrophe, zu ertrinken oder ihr Leben lang aufgeblasen wie ein Luftballon herumlaufen zu müssen.

Es gibt weitere Parallelen abgesehen vom Tonfall: Die Eltern ignorieren die Fragen des Kindes und wenden sich ab, so wie Häwelmanns Mutter – weil sie eingeschlafen ist – seinen Aufforderungen, das Bett hin- und herzurollen, nicht nachkommt. Auch die Reihe der Fehlversuche erinnert an Häwelmanns Scheitern: Wollte er von den Menschen, den Tieren und schließlich den Sternen beim Fahren gesehen werden, so hat er zunächst keinen Erfolg damit, weil Menschen und Tiere schlafen, so wie Karlchen keinen Erfolg damit hat herauszufinden, wie man an eine silberne Schwimmblase kommt. Während Häwelmann im Rollenbett durch Stadt und Wald und Himmel fährt, lässt sich Karlchen in der Haubentaucherkutsche über und durch den See ziehen. Obwohl sich zunächst hilfreiche Gestalten wie der alte Mond und der alte Haubentaucher Pablo der Wünsche der Kinder annehmen, bleiben diese letztlich unerfüllt, weil sie zu eigensinnig und unmäßig geäußert werden. So wie der Mond Häwelmann mehrfach fragt, ob er denn noch immer nicht genug habe, so fragt in wörtlicher Anspielung auch das Neunauge Karlchen: »Hast du immer noch nicht genug?« Doch, im Gegensatz zu Häwelmann hat Karlchen mehr als genug und stellt deswegen neue Forderungen. Jetzt soll die zu groß geratene Schwimmblase wieder kleiner gemacht werden, denn der Wunsch ist übererfüllt und deswegen zugleich noch immer unerfüllt. Es wird aber – abgesehen von der Erschaffung des Blinddarms – der vorherige schwimmblasenlose Ausgangszustand wiederhergestellt.

Während sich für Karlchen die Ausgangslage nicht wirklich verändert hat, hat der Besuch auf dem Seegrund nachhaltige negative Folgen für wenigstens zwei Figuren: Das Neunauge wurde mit dem schockierenden Anblick seiner eigenen Hässlichkeit konfrontiert, und der alte Karpfen hat sich vom Schreck über den Wutanfall des Neunauges, den Karlchens Spiegelgeschenk ausgelöst hat, nicht wieder erholt, und seine Schwimmblasenpustekraft ist fortan reduziert. Was es für die Kunstblasen Florians bedeutet, dass er nurmehr kleine Schwimmblasen herstellen kann, bleibt eine offene Frage. Jedenfalls muss nun niemand mehr versuchen, sich eine Schwimmblase anzueignen, denn Karlchen hat es nicht nur für sich selbst, sondern auch für die ganze Menschheit vermasselt: Hätte das mit der Schwimmblase geklappt, so müsste niemand mehr ertrinken, und zwar auch dann nicht, wenn gerade kein Märchenerzähler in einem Boot zur Stelle wäre.

Der Eintritt des Menschen in diese geordnete Welt unter Wasser bedeutet aber nicht nur für die beiden genannten Fische eine Störung: Die Seebewohner – sogar die Fischpolizei – erschrecken sich vor dem vorbeirasenden Kind, ein Krebs hat sich an einer schlecht geöffneten Konservendose verletzt und eine Wunde davongetragen, die nicht heilt, das Maränenfräulein Blinkerchen hängt an einem Angelhaken fest, der verhindert, dass sie pünktlich zu ihrem Stelldichein kommt. Die Seebewohner werden von Karlchen unter Druck gesetzt, ihm das Geheimnis der Schwimmblasen zu verraten: Der Krebs fällt daraufhin vor Angst vom Brett und verletzt sich erneut: »Er litt lieber Schmerzen, aber er verriet nichts.« Das Brassenmädchen Rosa lässt sich stumm und traurig auf den Seegrund sinken, weil es nichts sagen möchte. Blinkerchen wird schließlich von Karlchen erpresst, ihm das Geheimnis zu verraten. Obwohl alle Tiere Karlchen freundlich und prinzipiell hilfsbereit gegenübertreten und er ihnen auch, so verbindet der Junge doch mit seiner Freundlichkeit immer die Hoffnung, die Tiere würden ihm aus Dankbarkeit seine Frage beantworten. Das eigentlich unbestechliche Neunauge korrumpiert er gar mit seinen Geschenken aus der Menschenwelt und löst damit Unheil auf dem Grund des Märchensees aus. Aber nicht nur dort.

Auf Wiedersehen unter Wasser

Lenz erzählt seine Geschichte für Kinder ein zweites Mal, und zwar im selben ironischen Erzähltonfall, diesmal aber für Erwachsene: Im Jahr 1959 strahlt der Hessische Rundfunk *Auf Wiedersehen unter Wasser* aus. Wie im Falle des *Florian* erarbeitet Lenz auch hier eine Prosafassung unter dem Titel *Der Mensch auf dem Meeresboden*.

In diesem Hörspiel zieht es zwei Erwachsene, Fred und Hanna, aus dem Nachkriegsdeutschland in die Unterwasserwelt des Mittelmeers. Sie brauchen dazu aber keine Haubentaucherkutsche und keine Schwimmblase mehr, sondern sie besuchen in den Ferien einen Kurs im »Nackttauchen«, wie der Tauchlehrer es nennt, also im Schnorcheln ohne aufwändige Ausrüstung. Und wieder zeichnet der Erzähler (in der Adaption des Hörspiels für den NDR spricht Lenz selbst den Ich-Erzähler) zunächst ein Bild von der faszinierenden Welt unter Wasser:

> *Guten Abend, meine Damen und Herren; guten Abend und Entschuldigung. Ja, ich möchte Sie gleich zu Beginn um Entschuldigung bitten, denn die Geschichte, die ich Ihnen erzählen will, sollte angemessenerweise wortlos erzählt werden – allenfalls im blubbernden, knarrenden, sanft brummenden Dialekt der Fische. Die Geschichte spielt nämlich im Wasser, genauer: im schönen großen Schweigen, das über dem Meeresgrund liegt, zwischen wallender Unterwasserfauna, lichtlosen Felsgründen, zwischen der ruckartig krabbelnden Meerspinne und dem glotzäugigen Tintenfisch … Die natürliche Umgangssprache, die hier herrscht, ist Schweigen, und folglich müßte ein angemessener Bericht über diese Welt schweigend gegeben werden … Da dies aber einstweilen mit Schwierigkeiten verbunden ist, bitte ich um Entschuldigung für den Rückfall in die Sprache!*

Zwar will Fred nicht wie Lenz als Junge »Admiral ohne Bezahlung« beim schwarzen Fischkönig werden, aber »wenn kein Untertan, so doch ein Bürger Neptuns«, so sagt er. Er will sich also gleichfalls eine neue Welt erobern. Für Ehefrau Hanna indes ist der Reiz, den das Durchschwimmen der herrlichen Welt der Fische für Karlchen noch hat, schon nach dem ersten Tauchgang dahin, weil sie feststellen muss, dass sie nicht etwa eine Unterwasser-Märchenwelt erwartet, sondern nur: andere Taucher! Der vermeintlich unentdeckte, menschenleere Lebensraum ist bereits von zahllosen Tauchern bevölkert, und bei der Rückkehr an die Oberfläche droht sogar der Tod durch unaufmerksame Sportbootfahrer, die einen mit ihren Schiffsschrauben zerhäckseln. Zudem macht der Mensch sich in Form seines liegengebliebenen Abfalls am Meeresgrund bemerkbar. Es ist diesmal keine Dose, an der sich ein Krebs die Schere verletzt, sondern es liegt eine alte Zeitung herum, die der Gatte im Glauben, es handele sich um einen Plattfisch, mit der Harpune erlegt. Auch sie hat in der ursprünglichen Märchenwelt ebenso wie die Konservendose nichts verloren. Lärm und Sprache des Menschen, wenn auch nur die geschriebene in der Zeitung, haben den Lebensraum der Fische erobert. Und die sind längst vor den Tauchern geflohen. Es gibt nichts Märchenhaftes mehr in der Märchenwelt.

Am Ende des Hörspiels berichtet der Erzähler, es kämen ganze Busladungen voll von Menschen, die auf dem Meeresgrund spazieren gehen wollten. Eine Schwimmblase ist dafür nicht mehr nötig. Der neue Tauchtrend, der sich immer neue Gebiete erobert und damit die Einsamkeit und Ursprünglichkeit zerstört, die er eigentlich sucht, bringt dem Menschen keine Befriedigung mehr. Die Welt unter Wasser, die eigentlich ein stilles und vom Menschen ungestörtes und unzerstörtes Paradies sein sollte, eine ideale Welt, hat sich aufgelöst. Der Tauchurlaub ist keine Lösung. Eher schon der eigene stille See.

Zurück am Märchenteich – Ein Leben mit Karpfen

Siegfried Lenz, der selbst gern tauchte, versucht, sich sein eigenes Wasserparadies und Schriftstellerrefugium vor der Haustür zu bauen. So war er zweimaliger Besitzer eines Fischteiches, zuerst 1970 bis 1992 in der Gemeinde Gelting direkt hinter dem Deich an der Flensburger Förde und ab 1987 auch noch fünfzehn Kilometer nordwestlich von Rendsburg in Tetenhusen. Über den ersten Teich berichtet der Maler Klaus Fußmann, der die Sommer regelmäßig in Gelting verbringt und zweimal Bilder zu Lenz'schen Erzählsammlungen beisteuerte, Lenz habe das Grundstück mit dem vierhundert Quadratmeter großen Teich in den 1970er Jahren gekauft:

Wohl in der Hoffnung, so wird jedenfalls erzählt, einmal darauf eine kleine Hütte bauen zu können. Im Sommer wollte er dort dann schreiben, in der Nähe des Meeres und in vollkommener Abgeschiedenheit, umgeben von unberührter Natur. Beim Anblick der Lage, der Landschaft, der tarnenden Büsche und der stillen Versunkenheit des Geländes konnte ich seinen Wunsch sofort nachvollziehen, ja, mich selbst dort schreibend in kleinster Hütte vorstellen.

Das klappte aber nicht, denn im Naturschutzgebiet wurde keine Baugenehmigung erteilt. Dennoch behielt Lenz das Grundstück, bis er es der Gemeinde Gelting schenkte – wahrscheinlich auch, weil sich inzwischen eine Teichalternative ergeben hatte und Gelting nicht mehr auf der jährlichen Reiseroute nach Dänemark lag. Am 15. Mai 1992 war die offizielle Übergabe, verbunden mit einer Lesung von Lenz. In den Wochen danach fischten Angler sämtliche vom Ehepaar Lenz eingesetzten Karpfen ab. Diese müssen stattlich gewesen sein, denn Zeitungsberichten zufolge hatte das Ehepaar Lenz sie mit Pflaumenkuchen gefüttert. Der Teich heißt bis heute Siegfried-Lenz-Teich.

Glücklicher waren die Karpfen in Tetenhusen. Nachdem Liselotte und Siegfried Lenz nach fast dreißig Jahren 1987 ihr Ferienhaus auf der dänischen Insel Alsen aufgeben mussten, kauften sie ein neues Grundstück in Tetenhusen, im Süden des Kreises Schleswig-Flensburg.

Da sie dort das Meer vor der Haustür missen mussten, ließen sie einen großen Teich anlegen. In einem Brief an Loki Schmidt berichtet Liselotte Lenz im Februar 1988 über das neue Gewässer:

> *Wir haben uns noch nie so sehr aufs Frühjahr gefreut wie diesmal. Schon glänzt unser See, was wir nicht für möglich hielten in so kurzer Zeit: schon wedeln grüne Algen, und der doch eigentlich künstliche Teich möchte schnell Natur werden. Da sehr viel Erde rundherum bewegt und verlagert wurde, habe ich ein bißchen Sorge, ich könnte Sandköpfchen und Mäuseklee eingebüßt haben. Zwar soll alles wiederkommen, aber ich würde Dich doch gegebenenfalls gern um ein Plantat bitten aus Deinem Wildpark und Biotop. Unser »Teich-See« ist übrigens Ausflugsziel von ganz Tetenhusen: immer wenn wir bei Nachfrage sagen, »kommen Sie doch mal, und schauen Sie sich ihn an«, stellt sich heraus, daß alle längst da waren.*

Im Frühjahr des Folgejahres ist der neue Teich so weit stabil, dass im April 1989 Schleie und Karpfen eingesetzt werden können. Diese Karpfen mutieren in den Folgejahren langsam zu Haustieren, die auf Pfiff und Zuruf auftauchen, um sich füttern und streicheln zu lassen, was alle Besucher nachhaltig beeindruckt, wie aus den Reden anlässlich der Verleihung der Schleswig-Holsteinischen Ehrenbürgerwürde deutlich wird: Der Verleger Thomas Ganske, der Freund Helmut Schmidt und Bundeskanzler Gerhard Schröder kommen auf diese Karpfen zu sprechen. Auch Loki Schmidt schwärmt in ihren Briefen von den Besuchen am »Märchenteich« bei »Euren ›Breitmäulchen‹«. Im Frühjahr 2000 berichtet Lenz ihr:

> *Gestern waren wir nur kurz in Tetenhusen, nach längerer Zeit, und selbstverständlich gingen wir zu dem kleinen Gewässer, das ganz reglos dalag, in verlängerter Winter-Ruhe. Alles schläft, dachten wir. Aber dann pfiff ich aus alter Gewohnheit und Lilo stieß kleine Lockrufe aus, und wahrhaftig: aus der Tiefe hoben sich die dunklen Rücken unserer Fische, sehr träge schwammen sie auf uns zu, sperrten die großen Schnuten auf, doch es gelang ihnen nur mit Mühe, einen Brotbrocken zu schnappen. Wir vertrösteten sie auf's Frühjahr.*

Jeden Herbst wieder, wenn es zurück nach Hamburg geht, fällt den beiden der Abschied von den treuen Karpfen schwer – und von den kleinen Moderlieschen, die die Lieblingsfische von Liselotte Lenz und ebenso zahm waren.

Im Sommer 1999 erinnert Loki Schmidt sich in einem Brief gern an »unseren Spaziergang zu Euren dicken, fetten, schmatzenden ›Haustieren‹«, und im selben Sommer 1999 wird dem Karpfen dann auch eine große Ehre zuteil, wie Siegfried Lenz der Freundin schreibt:

> *Damals, als Du mit Deinen Freunden das Sandköpfchen zur Blume des Jahres erwähltest, waren Lilo und ich so begeistert, daß wir sogleich zum Teich liefen. (Du weißt, dort wuchsen viele dieser schönen Geschöpfe.) Wir streichelten sie mit Blicken und versuchten ihnen auf diese Art beizubringen, welch eine Ehre auf sie gefallen ist. Nun zeigt sich, daß die Anglerverbände es Dir und Deinen Freunden gleichtun, oder es zumindest versuchen: auch sie wählen einen bestimmten Fisch, um ihn der besonderen Aufmerksamkeit zu empfehlen. Und als wollten sie sich mit einem Fisch des Jahres nicht zufriedengeben, wählten die europäischen Angler gleich den »Jahrhundertfisch«. Jetzt ahnst Du schon, auf wen die Wahl gefallen ist; er ist es wirklich: der Karpfen. Also werden Lilo und ich abermals eine Gratulations-Cour zum Teich unternehmen und den dickmäuligen, specknackigen Burschen beibringen, wie berühmt sie geworden sind. Übrigens hat man mich eingeladen, auf der zentralen*

Verbandssitzung in Berlin ein Loblied auf den Karpfen zu halten; an meine anhänglichen und tutigen Freunde im Teich denkend, habe ich zugesagt. – Lilo wird selbstverständlich mitfahren und den passionierten Fischwaidlern gleich klarmachen, daß unser winziges Gewässer ein Gnadenteich ist.

Dass der Karpfen zum Jahrhundertfisch gewählt wurde, verdankt er dem Ergebnis einer Umfrage des Deutschen Anglerverbands. Dieser wollte wissen, welcher Fisch in Deutschland am liebsten gegessen wird, und die Umfrage, auf die mehr als 3300 Menschen antworteten, ergab: Es ist mit 25% aller Antworten der Karpfen (auf Platz 2 folgte die Forelle mit 17%). Das Loblied des Karpfens singt Lenz also am 22. Oktober 1999 im Hotel Sylter Hof in Berlin. Übrigens hatte schon 1958 in der Erzählung *Silvester-Unfall* der Kellner Mummer zu einer »Rede auf unseren Silvester-Karpfen« angesetzt, wurde aber von seiner Frau darin unterbrochen. Nun wird diese Rede von Lenz sozusagen nachgetragen, allerdings geht es ihm ausgerechnet nicht um den Karpfen als Speisefisch, als den ihn der Anglerverband doch ausgezeichnet hatte. Lenz preist nicht den Geschmack des Karpfens oder stellt Rezepte vor, er preist ihn als Überlebenskünstler, als Herausforderung für den Angler, vor allem aber als lebenslangen neuen Freund, der ihm das Angeln abgewöhnt habe. Die eigenen Karpfen sind schuld daran,

»daß ich meiner petrischen Leidenschaft nicht mehr nachgehe. Ja, seitdem wir einander haben, brachte ich es nicht mehr fertig, die Angel auszuwerfen, so sehr seid ihr uns ans Herz gewachsen mit eurer Anhänglichkeit«. Der Jahrhundertfisch wird also im Hause Lenz nicht mehr geangelt und verspeist, sondern im Gegenteil mit Brot verköstigt, gut gepflegt und den staunenden Gästen vorgeführt.

Bei der Veranstaltung ist auch der Verleger Thomas Ganske, der mit Lenz die Angelleidenschaft teilte, anwesend. Gut ein Jahr später, anlässlich des 50-jährigen Jubiläums der Zusammenarbeit zwischen Verlag und Autor, erinnert sich der Verleger in seiner Rede auf den Autor daran, dass am Beginn ihrer persönlichen Beziehung ein Karpfen stand, den Siegfried Lenz – damals offenbar noch der petrischen Leidenschaft frönend, weil ohne persönlichen Bezug zum Karpfen – aus einem Teich zog.

»Die Karpfen haben mir einiges abgefordert«

2014 wurde Siegfried Lenz von Uwe Berndt für den Hessischen Rundfunk interviewt. Dazu gehörte auch die Beantwortung eines Fragebogens, der daraus bestand, dass der Interviewer dem Interviewten kurze Stichworte hinwarf, zu denen der sich zu äußern hatte. Auf das

Stichwort »Karpfen« antwortet Lenz: »Der Karpfen ist ein großer Kämpfer, wenn man ihn am Haken hat. Und die Karpfen, die ich gefangen habe, haben mir einiges abgefordert, an Anglerlist und Anglerausdauer. Und ich hab zu meiner Freude einige an Land gezogen.«

Möglicherweise ist der Karpfen auch als Symbol für das schriftstellerische Werk von Siegfried Lenz zu verstehen, an dessen Anfang unter anderem das Märchen von *Florian, dem Karpfen* steht und an dessen Ende das postum erschienene *Wettangeln* erscheint, in dem die erfolgreiche Anglerin Anja zwar nur den Trostpreis bekommt, aber Lehrerin Laura einen Tanz mit dem von Anja geangelten Hecht wagt, der ihr den Titel einer Fischkönigin einbringt. Der Hecht ist übrigens der zweite Fisch, der im Werk von Siegfried Lenz eine wichtige Rolle spielt. Ihm wäre ein eigenes Buch zu widmen.

ABBILDUNGSNACHWEIS

Seiten 6, 10, 36, 45
Privatarchiv, Siegfried Lenz Stiftung,
© Fotograf: Peter Smith, Dänemark.

Seite 32 Deutsches Literaturarchiv Marbach,
A: Lenz, Siegfried HS.2014.0114

Seiten 35, 46, 50, 73
Privatarchiv, Siegfried Lenz Stiftung.

ÜBER DEN AUTOR

Siegfried Lenz, 1926 im ostpreußischen Lyck geboren, gestorben 2014 in Hamburg, zählt zu den bedeutendsten und meistgelesenen Schriftstellern der deutschsprachigen Nachkriegs- und Gegenwartsliteratur. Seit seinem Debütroman *Es waren Habichte in der Luft* von 1951 veröffentlichte er alle seine Romane, Erzählungen, Essays und Bühnenwerke im Hoffmann und Campe Verlag. Für seine Bücher wurde er vielfach ausgezeichnet, u.a. mit dem Goethepreis der Stadt Frankfurt am Main, dem Friedenspreis des Deutschen Buchhandels und mit dem Lew-Kopelew-Preis für Frieden und Menschenrechte.